ISBN 978-0-259-02194-0
PIBN 10715090

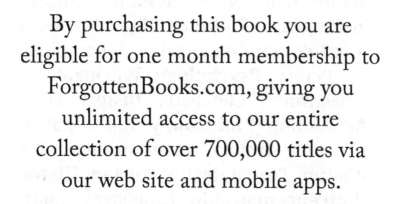

N° 1 PARAIT TOUS LES TRIMESTRES JUILLET 1907

BULLETIN

DE LA

SOCIÉTÉ GRATRY

POUR LE MAINTIEN DE LA PAIX ENTRE LES NATIONS

Il est plus glorieux de tuer la guerre par la parole que de tuer les hommes par le glaive.

(S. AUGUSTIN)

La justice élève les nations.

(PROV. XIV. 34)

SOMMAIRE

Le Bulletin est adressé gratuitement à tous les membres de la Société.

IMPRIMERIE
DE L'ÉCOLE PROFESSIONNELLE DE SACUNY
BRIGNAIS
1907

Appel aux Catholiques

On n'a pas oublié qu'au mois d'octobre 1906, le XV° Congrès de la Paix, réuni à Milan, ayant, sur la proposition de quelques congressistes catholiques, envoyé une adresse au Pape Pie X, celui-ci a déclaré accueillir « avec une vive reconnaissance un tel hommage, parce que, « adressé non pas tant à sa personne qu'à l'autorité suprême dont Elle « est revêtue, il tendait à attester le haut ministère de paix que Dieu a « confié au chef de l'Église catholique. »

« L'histoire — ajoute Monseigneur Merry del Val, répondant au nom « du Souverain Pontife, — montre que les papes ont toujours rempli « avec sollicitude un semblable ministère ; et le Souverain Pontife actuel « a été heureux de ce que, dès le début de son pontificat, il lui a été « donné une occasion de l'exercer, en accueillant la demande de faire « présider, par l'un de ses représentants, le conseil arbitral auquel trois « Républiques américaines, dans l'intention bien arrêtée d'éviter la « guerre, voulurent soumettre leurs contestations réciproques. Il est « donc facile de comprendre avec quel intérêt le Saint-Père suit les « efforts des Sociétés de la paix, et quel vif désir il éprouve de les voir « couronnés d'un heureux succès. L'assurance de cet intérêt et de ce « désir peut encourager le très noble zèle dont vous êtes animé, ainsi « que vos collègues : en conséquence, je suis fort heureux de vous la « donner nette et formelle. L'Auguste Pontife y joint le vœu que cette « importante idée formulée par vous, à savoir qu'il convient de prévenir et d'empêcher la déclaration de la guerre, plutôt que de se borner à en diminuer les horreurs, quand il n'est plus possible de l'éviter, soit appréciée comme elle le mérite. »

A la suite de cette adhésion si catégorique donnée à la cause de la paix par le Souverain Pontife, quelques catholiques ont pensé qu'elle pouvait être le point de départ d'un mouvement d'idées analogue à celui qu'a suscité l'encyclique *Rerum novarum*, c'est-à-dire tendant à continuer la tradition pacifique, issue de l'Évangile, et précisée par les grands théologiens du moyen âge. Il y a quelques années déjà, une Société, se couvrant du patronage du P. Gratry, qui fut l'un des apôtres de la paix au XIX° siècle, s'était fondée pour attester la vitalité de la tradition catholique. Il a paru que son action devait être renforcée ; et c'est dans ce but qu'un nouveau groupe de catholiques a résolu d'y adhérer, d'en remanier les statuts pour les adapter aux circonstances actuelles, et d'adresser à leurs frères le présent appel.

I. — La SOCIÉTÉ GRATRY, considérant que la guerre est un mal dont l'humanité a le droit et le devoir de chercher à s'affranchir, et que les catholiques sont plus particulièrement tenus d'y travailler ; car, comme le dit encore Pie X, « s'efforcer d'éviter au monde les horreurs de la guerre, ce n'est que se conformer aux préceptes de l'Évangile » ; considérant que les principes de la morale chrétienne s'appliquent aussi bien aux rapports entre les peuples qu'aux rapports entre les individus, qu'il importe par suite d'amener les gouvernements à instituer entre

Bulletin d'Adhésion

Je, soussigné, déclare adhérer à la **SOCIÉTÉ GRATRY** *pour le maintien de la paix entre les nations, en qualité de :*

(1) *Membre titulaire,*

(1) *Membre adhérent.*

et m'engage à verser une cotisation annuelle de (2)

SIGNATURE :

Nom (très lisible) et adresse :

Envoyer le présent bulletin et les cotisations à M. VANDERPOL, ingénieur, 40, rue Franklin, à LYON.

1. Rayer les mots inutiles. – 2. Inscrire le chiffre.

tholiques ne méconnait en cette imp[illegible]
tradition, ni le devoir. Mais il semble que [illegible]
eux qui parlent ou agissent, qui aux yeux de [illegible]
souvent à tort, pour les représentants autorisés de [illegible]
l'Église, il se dessine un courant inverse, vraiment [illegible]
courant semble avoir pris naissance dans les écrits de [illegible]
Maistre, dont les exagérations ont exercé, il faut l'av
une fâcheuse influence sur la portion instruite des catholi
et par contrecoup sur le reste.

Mais là n'est pas la seule cause.

Il est arrivé en effet que par réaction contre les théori
Joseph de Maistre, considéré par eux comme le grand pc
de l' « ultramontanisme », les anticléricaux se sont emparé
la doctrine contraire, c'est-à-dire se sont, sans le savoir
être, rapprochés de la doctrine du Christ. Mais en s'en
parant ils l'ont marquée à leur empreinte, c'est-à-dire
dénaturée, comme ils ont dénaturé sous la Révolutio
idées si éminemment évangéliques de liberté, d'égalité,
fraternité. Ils ont créé pour leur usage un mot barbar
nouveau : de l'amour de la paix, ils ont fait le *pacif*
Entre leurs mains, le *pacifisme* est devenu une théorie
velle, sans base, sans point d'appui, avec d'étranges d
tions. Parmi les « pacifistes » et non des moindres, com
ont versé dans ce qu'ils appellent *l'antimilitarisme* et *l'an
triotisme*, combien exploitent aujourd'hui ces sentiments
gues et imprécis comme tout ce qui est négatif, dans des
politiques, ou, selon l'expression de l'un d'eux, pour ar
au « chambardement » social. Il n'en fallait pas tant
écarter encore les catholiques d'une doctrine qui se présen
eux avec un si singulier cortège et paraissait avoir de ser
bles conséquences.

Un peu de réflexion suffit cependant pour faire compre
que ces conséquences ne sont pas celles de la tradition
gélique, mais uniquement celles de sa déviation, et qu'i
porte beaucoup, à l'heure actuelle, de ressaisir cette trad
non-seulement pour rendre à Dieu ce qui est à Lui et po
pas laisser entre les mains d'hommes antireligieux une

tion du patrimoine légué par Jésus-Christ, mais encore pour combattre leurs excès et leurs erreurs, pour éclairer les foules sur la portée de la doctrine, pour dire où commence et où finit en cette matière la vérité. C'est ce que nous voudrions faire en quelques mots.

II

Il est incontestable d'abord que la guerre est un mal, et cela à deux points de vue.

1° Au point de vue matériel, elle entraîne une quantité de désordres, souvent irréparables, qui retardent d'autant l'humanité dans sa marche vers le progrès. C'est une idée sur laquelle les pacifistes insistent, certains même exclusivement. Nous ne croyons pas pourtant qu'ils aient dépassé le tableau que trace Bossuet de cette « chose horrible » : « La guerre, dit-il (1), est une chose si horrible que je m'étonne comment le seul nom n'en donne pas l'horreur : en quoi je ne puis souffrir l'extrême brutalité des anciens, qui avaient fait une divinité pour la guerre, au lieu qu'un esprit qui ne s'occupe que des armes est, non un dieu, mais une furie. S'il venait un homme, ou du ciel ou de quelque terre inconnue et inaccessible où la malice des hommes n'eût pas encore pénétré, à qui on fit voir tout l'appareil d'une bataille ou d'une guerre, sans lui dire à quoi tant de machines épouvantables, tant d'hommes armés seraient destinés, il ne pourrait croire autre chose, sinon que l'on se prépare contre quelque bête farouche ou quelque monstre étrange ennemi du genre humain, etc.... » *Sur ce point*, on ne peut qu'approuver tout ce que diront les « antimilitaristes ».

2° Nous allons plus loin : la guerre est surtout horrible parce qu'elle est un mal *moral*. Elle est fatalement injuste de l'un des deux côtés, quelquefois des deux. Les guerres de conquêtes ne sont qu'un vol agrandi, avec le meurtre pour moyen. Les guerres entreprises pour obliger par la violence un peuple plus faible à céder quelque élément de sa souve-

(1) Bossuet, *Pensées morales et chrétiennes*.

raineté ou à consentir quelque atteinte à ses intérêts éc
ques, constituent un lâche abus de la force. Or, l'inju
n'est pas plus permise entre les nations qu'entre les particu
Le droit des gens n'est pas au-dessous du droit des indiv
La morale n'est pas une question de frontière, et il n'y a
de si immoral que de préconiser ou de pratiquer deux
rales : une morale *publique* et une morale *privée*. De
action mauvaise, l'homme devra rendre compte à Dieu.

L'amour de la paix, le désir de la maintenir entre les
ples, pour ces deux motifs, et principalement pour le sec
doivent donc forcément comme l'a très bien dit M. An
Leroy-Beaulieu, « entrer dans l'idéal d'avenir de tout chr
conscient de l'esprit de l'Évangile et désireux de travail
l'établissement du règne de Dieu parmi les hommes »
Est-ce à dire pour cela qu'il faille cesser d'être patriot
substituer à l'amour du pays où Dieu nous a fait naît
seul amour de l'humanité ? En aucune façon, et *sur ce p*
les anti-patriotes tombent dans l'un de ces excès avec les
on compromet les meilleures causes. En sens inverse,
des « nationalistes » qui ne veulent rien voir en deho
leur propre patrie rétrogradent jusqu'à ces temps lointai
la *Cité antique*, où l'étranger, ne participant pas au même
que le citoyen, n'avait aucun droit ; c'est un autre excè
nature à compromettre de même la cause qu'il prétend
vir. Entre ces deux excès, l'Église suit une *via media*, q
la bonne voie, et professe une doctrine synthétique, q
la vraie doctrine. Châteaubriand l'a reproduite en ces ter
« La religion chrétienne est venue rendre à l'amour
patrie sa véritable mesure. Ce sentiment a produit des c
chez les anciens, parce qu'il était poussé à l'excès. Le c
tianisme en a fait un amour *principal*, mais non pas un a
exclusif : avant tout, il nous ordonne d'être justes ; il veu
nous chérissions la famille d'Adam, puisqu'elle est la
quoique nos concitoyens aient le premier droit à notre
chement. Cette morale était inconnue avant la missio
Législateur des chrétiens (2). » Donc amour *principal*,

(1) *Éveil démocratique*, n° du 16 juin 1907.
(2) Chateaubriand, *Génie du Christianisme*, II, 5, in fine.

sant le patriote à se réjouir de tout ce qui peut contribuer légitimement à la grandeur de sa patrie : triomphes scientifiques, littéraires, industriels, ou victoires sur ses agresseurs, de quelques points de l'horizon qu'ils viennent ; mais non amour *exclusif*, par suite amour *limité* : par quoi ? par le principe de justice. Ainsi, sans se combattre, ni se contredire, peuvent et doivent coexister dans un cœur chrétien l'amour de la patrie et l'amour de l'humanité.

De même, le chrétien, imbu de l'esprit de l'Évangile, ne sera, pour employer le jargon moderne, ni *militariste*, ni *antimilitariste*, c'est-à-dire (pour autant que ces mots barbares peuvent être compris) qu'il ne rêvera pas de guerres injustes uniquement pour essayer la portée de canons nouveaux, ou pour augmenter la puissance matérielle de son pays au détriment de son autorité morale ; et que d'autre part, il ne portera pas sur l'armée nationale une main sacrilège. Il comprendra qu'elle est la condition nécessaire de la paix ; car cette paix, il ne suffit pas de la désirer ou de la proclamer pour l'établir. C'est un idéal auquel tous doivent travailler ; mais ce serait tomber dans l'utopie que s'imaginer que cet idéal sera atteint en quelques mois ou quelques années. Il est des époques troublées où le vieil adage *Si vis pacem, para bellum* est encore vrai : il serait puéril de se dissimuler que nous sommes à une de ces époques-là. A la Conférence de la Haye, qui siège en ce moment et où l'on fera certainement œuvre utile, on se préoccupe uniquement d'améliorer les conditions de la guerre ; on n'ose pas parler de la limitation de ces armements, de plus en plus considérables, qui, depuis la guerre trois fois néfaste de 1870, ont transformé l'Europe en un véritable camp retranché.

Si donc l'armée est nécessaire, il ne faut pas l'affaiblir. C'est une propagande criminelle que celle qui va prêchant aux soldats la désertion et l'indiscipline. Au lieu de regarder le service militaire comme une corvée et l'obéissance aux officiers comme une humiliation, le chrétien sait qu'il accomplit un devoir en se rendant plus apte à défendre sa patrie au jour du danger, et qu'il accomplit encore un devoir en obéissant à tous ceux que le Chef de l'État désigne pour lui

commander. Dans l'officier comme dans le fonctionnaire, il voit pas l'homme mais l'autorité ; et il sait que toute autori vient de Dieu (St Paul). Il n'y a que la conscience de cet vérité qui puisse conserver la discipline dans l'armée et l'ord dans la nation, en justifiant l'obéissance à des hommes q peuvent être et sont parfois parfaitement méprisables (1 Ainsi l'armée sera vraiment animée de cet esprit de devoir de sacrifice, qui la rendra toujours prête à mettre la force a service de la justice.

III

Dès lors, comment concilier ces nécessités de fait avec l maintien de la paix que tout catholique doit désirer et pour suivre ? Ce maintien évidemment ne sera pas toujours poss ble, parce qu'il faut compter avec les passions des homme avec les ambitions des chefs d'État, avec le degré plus o moins raffiné de civilisation des peuples ; mais il est trè souvent possible, et cela par les moyens mêmes qui ont fa disparaitre des nations civilisées l'ancienne vengeance privée pour y substituer une réglementation juridique et une sanc tion imposée par une autorité supérieure.

Ce qu'il faut établir tout d'abord, ou plus exactement ac croître de façon à les rendre plus étroites, ce sont les rela tions juridiques entre les nations. Depuis un demi-siècle, i est vrai, grâce au développement des moyens de communica tion et du commerce international, ces relations sont deve nues plus fréquentes ; aujourd'hui, il y a un véritable enche vêtrement d'intérêts, qui est un des principaux facteurs de la paix. Mais à lui seul il ne suffit pas. Il amène la conclusion de conventions, de plus en plus nombreuses ; mais de même qu'il existe des codes réglementant les conventions entre par ticuliers, il serait désirable qu'il y eût un code réglementant les con

(1) Cela ne veut pas dire que l'obéissance puisse être sans limites : nous estimons qu'elle s'arrête là où elle atteindrait le domaine intangible de la conscience. Mais nous ne voulons pas insister sur cette question, qui est étrangère à l'objet du présen article.

ventions entre les peuples. Ce code ne se fera pas en un jour ; mais des conférences comme celle de la Haye peuvent servir à le préparer et, de ce chef, l'initiative prise par le tzar Nicolas II pourra être féconde. — Il sera sans doute plus difficile d'établir la sanction. Pour les particuliers, il existe une autorité supérieure pouvant trancher leurs différends et imposer sa décision. Entre nations, on pourra bien instituer des tribunaux d'arbitrage, voire même un tribunal unique et permanent, pour trancher les litiges internationaux, et l'on peut espérer qu'avec le temps, les nations tiendront le plus souvent à honneur de se conformer à ses décisions. Mais il est à craindre qu'elles n'y tiennent pas toujours, que certaines se montrent récalcitrantes, et ici apparait le point faible du droit des gens : la quasi-impossibilité de trouver une sanction efficace de la décision prise ; il faudrait pour cela une autorité supérieure pouvant l'imposer.

Au moyen-âge, dans cet ensemble de nations que l'on appelait la *Chrétienté*, il fut un moment où cette autorité supérieure s'est rencontrée : c'était celle du Souverain Pontife. A cette époque, le rêve des pacifistes pouvait sembler réalisé. Le Pape, au nom de son pouvoir spirituel et sous la sanction des peines canoniques, arrivait à imposer la paix à deux adversaires, qui reconnaissaient l'un et l'autre son autorité. On sait trop que depuis la grande « cassure » faite au XVIe siècle dans la *Chrétienté* par la Réforme, succédant à la Renaissance du paganisme, il y a eu sur ce point un *recul*. De nos jours, les détenteurs de l'autorité ne paraissent pas disposés à revenir au seul système qui présente quelque chance de succès : la plus grande autorité morale du monde s'imposant aux autorités matérielles. L'exclusion du Pape à la première conférence de la Haye, sa non-invitation à la seconde, sont à cet égard de tristes symptômes. Et pourtant, là est au fond la solution du problème, celle qui prévaudra le jour où il n'y aura plus « qu'un troupeau et qu'un pasteur ». C'est à nous, disciples de Jésus-Christ, de hâter ce jour, dans la mesure de nos forces, et de mériter ainsi d'être « appelés enfants de Dieu ».

leurs exagérations, nous ne pouvons que voir avec sy
le mouvement vers la paix que les « pacifistes » s'effo
développer. Nous pouvons redire d'eux ce que Lac
en 1844, disait en parlant de la fraternité : « La frat
dans le monde des amis chauds et généreux, qui ex
même ses droits, se trompent sur les moyens de l
mais qui la proclament comme la fin dernière de tou
toire et de toute l'humanité.... Il sera beau de voir le
poursuivant la même pensée que nous, *impuissant à la
malgré ses efforts ;* et la doctrine catholique atteignant
jour son but fraternel par le simple épanchement de
role et de son ordinaire efficacité (1). » C'est à atteindr
rêvé par les « pacifistes » que nous devons collabore
une vue plus claire des contingences et avec des
mieux appropriés, persuadés comme nous le sommes,
énergies sociales que le christianisme renferme en lui
seules conduire les peuples à établir entre eux une v
fraternité.

Émile CHÉNON

Professeur à la Faculté de Droit de P

Ancien élève de l'École Polytechniq

(1) Lacordaire, *Conférences de Notre-Dame*, année 1844.

Le XVe Congrès universel de la

Milan 1906

Le XVe Congrès universel de la Paix qui s'est tenu
le 15 septembre 1906 réunissait environ 300 congressi
partenant à quinze nationalités différentes, parmi eux

grand nombre de français, très entourés et très écoutés : à leur tête le doyen et Président d'honneur du Congrès, Frédéric Passy.

C'est par un magistral discours de ce dernier que s'ouvrit le Congrès : le sujet qu'il traita, ce fut la *Crise du Pacifisme*, c'est-à-dire le danger que présentent pour la propagande et le succès des idées pacifistes, les théories et les manifestations hervéistes ou anti-patriotiques.

Il exposa d'abord que si les pacifistes répudient un militarisme « arrogant, provocant, professant avant tout l'admiration de la force et le mépris du droit, et qui n'est autre que la survivance de l'ancien culte de la force brutale, » ils respectent et glorifient « le service militaire digne de ce nom de service, qui n'est autre chose que la tutélaire sauvegarde de la liberté intérieure et de l'indépendance extérieure, la force gardienne de l'ordre et du droit, organisée en face de la force irrégulière et de la violence injuste. »

Puis il montra comment il convient de concilier l'amour de la patrie avec l'amour de l'humanité.

Il y a, dit-il, des gens qui se croient ou se disent patriotes parce qu'à tout propos ils parlent de leur amour pour leur patrie et que,non seulement ils en exaltent les qualités et les mérites, mais ils déprécient et rabaissent les autres...; ils considèrent que leurs intérêts et leurs droits sont, toujours et par une nécessité de nature, en opposition avec ceux des autres et que dès lors, ils doivent pour être bons patriotes, donner toujours tort aux autres, et pour bien aimer leur patrie, détester les nations étrangères.

Il y a, par contre, de prétendus amis du genre humain qui par révolte contre l'étroitesse de cet égoïsme national, vont jusqu'à renier l'idée de patrie et se font gloire de ne conserver pour le sol qui les a vus naitre, pour les compatriotes qui ont partagé leurs affections ou leurs épreuves, pour les grandes et touchantes figures qui ont illustré ou charmé leurs contemporains et leurs prédécesseurs aucun sentiment particulier de gratitude et d'admiration...»

Et il ajoutait, aux applaudissements unanimes de toutes les Sociétés de la Paix représentées au Congrès :

Nous n'acceptons, nous autres pacifistes, ni ce particularisme jaloux et ombrageux, ni cet universalisme indifférent et ce fatalisme aveugle. Nous professons qu'il y a des degrés dans les affections et les devoirs et qu'il n'est pas nécessaire pour remplir les uns de sacrifier les autres. Nous maintenons qu'il faut aimer sa patrie et l'aimer avant tout, comme il faut aimer d'abord et par-dessus tout ses parents, ses frères, ses compagnons de travail et de lutte : mais nous soutenons en même temps qu'il faut, sans renoncer à ce sentiment de préférence, être juste envers les

[illegible] de la Paix [illegible].

En même temps le cardinal Ferrari, archevêque de Milan écrivait au Congrès :

Rien n'est plus conforme à l'esprit évangélique que de faire et de renouveler sans cesse des efforts pour éviter les guerres et procurer aux peuples et aux nations cette véritable paix qui fut à plusieurs reprises annoncée au monde par le Prince de la Paix. Je m'empresse donc d'applaudir à la noble et sainte entreprise du Congrès de la Paix, heureux de vous faire connaître la haute approbation de Sa Sainteté Pie X qui souhaite le plus grand succès à une si sainte initiative.

M.l'abbé Pichot président de l'Institut International de la Paix, après avoir donné au Congrès communication de cette lettre et de la dépêche du Saint-Père proposa d'envoyer à Pie X une adresse pour lui demander son concours et son appui dans la campagne entreprise par les pacifistes.

Cette proposition fut votée à l'unanimité, après une discussion à laquelle prirent part M. Novikow, le sociologue russe bien connu, qui déclara l'appuyer énergiquement bien qu'incroyant car, fit-il remarquer, l'Église catholique peut faire pour la Paix plus que tous les pacifistes du monde, et M. F. Passy qui rappela que semblable démarche avait été faite, il y a dix ans, auprès de S. S. Léon XIII.

Afin de ne froisser aucune susceptiblité, il fut décidé qu'une adresse analogue serait envoyée aux chefs ou aux personnages les plus importants des autres religions et de la Franc-Maçonnerie.

Peu importe, disait à ce sujet l'*Osservatore cattolico*: ce qui est essentiel, c'est que si l'on veut arriver à la paix, même en partant d'idées différentes des nôtres, comme c'est le cas pour les nombreux libres-penseurs qui font partie du Congrès actuel, on apprécie à sa juste valeur la force morale de la Papauté et que l'on ne prononce pas d'ostracisme au grand détriment de la cause de la Paix elle-même ».

A la suite de cette décision du Congrès, l'adresse suivante fut envoyée au Saint-Père, le 24 octobre dernier.

Trés Saint-Père,

Les délégués des diverses sociétés de la Paix au XVe Congrés universel qui a eu lieu le mois passé à Milan, ont accueilli avec une profonde reconnaissance la bonne parole d'encouragement et d'approbation de leur œuvre que Votre Sainteté a bien voulu leur adresser par l'intermédiaire de S. E. le Cardinal Ferrari, archevêque de Milan : et, à l'unanimité — hommes de toutes les religions, de toutes les nations et de tous les partis politiques — ils m'ont chargé de vous exprimer leurs remerciements, auxquels je vous demande la permission de joindre les miens, et l'espérance que vous voudrez bien donner à la Cause

Voici la réponse qui fut faite à cette adresse par S
Cardinal Merry del Val au nom du Saint-Père.

Très honoré Monsieur,

Au respectueux hommage qui lui avait été adressé par q membres du *XVe Congrès universel de la Paix*, le Saint-Père a du, par l'intermédiaire de S. E. le Cardinal Archevêque de Mil des paroles de sympathie, et ces sincères expressions d'un se bien juste ont provoqué la noble adresse que vous avez récemm parvenir à sa Sainteté, au nom de l'importante assemblée qu présidiez à Milan, au mois de septembre dernier. Un tel hom été accueilli par Sa Sainteté avec une vive reconnaissance, parce a considéré qu'il était adressé non pas tant à Sa Personne qu'à rité suprême dont elle est revêtue et que par suite il était une tion du haut ministère de Paix que Dieu a confié au Chef de catholique.

L'histoire montre que les Papes ont toujours rempli avec s de un semblable ministère et le Souverain Pontife actuel a été l de ce que, dès le début de son pontificat, il lui a été donné un sion de l'exercer, en accueillant la demande de faire présider p de ses représentants le Conseil arbitral auquel trois Républiques ricaines, dans l'intention bien arrêtée d'éviter la guerre, voulaient mettre leurs contestations réciproques.

Il est donc facile de comprendre avec quel intérêt le Saint-P les efforts de la *Société internationale de la Paix* et le vif dés éprouve de les voir couronnés par un heureux succès. L'assur cet intérêt et de ce désir peut venir en aide au très noble zè vous êtes animé, ainsi que vos collègues : en conséquence, je s heureux de vous la donner nette et formelle. L'Auguste Pontife aussi le vœu que l'on apprécie à sa juste valeur l'importance d émise par vous : qu'il convient de prévenir et d'empêcher la plutôt que de se borner à en diminuer les horreurs quand il n' possible de l'éviter.

En portant à votre connaissance les excellents sentiments a quels Sa Sainteté est heureuse de répondre à la démarche c des délégués au *XVe Congrès universel de la Paix*, je saisis avec l'occasion de me déclarer, avec une profonde estime, votre t voué.

CARDINAL MERRY DEL

Rome, 3 novembre 1906.

C'est à la suite de cette réponse du Souverain Po pour se conformer aux indications qu'elle renferme groupe de catholiques a résolu d'adhérer à la Société et de publier « l'appel aux catholiques » dont on trou texte sur le verso de la couverture du présent bulletin.

A. VANDERPOL

COUP D'ŒIL SUR LE MOUVEMENT PACIFISTE

Un trop grand nombre de personnes ignorent totalement le mouvement pacifiste. Mais elles considèrent la question de la paix entre les nations comme une de ces questions sur lesquelles on peut avoir une opinion sans les avoir étudiées. « La paix universelle, le désarmement, chacun sait que ce sont là chimères et utopies. » Leur raisonnement s'arrête à cette affirmation.

Dans des revues spéciales les pacifistes ont maintes fois réfutées ces affirmations et démontré avec précision et rigueur que l'utopie est du côté opposé. Maintes fois ils ont exposé et déterminé le problème. La discussion est toujours à recommencer par la faute de ceux qui n'ont pas suivi le raisonnement.

Au risque de subir le sort commun je voudrais dans ce nouvel organe, spécialement consacré aux milieux catholiques, reprendre la question par le commencement, énoncer à nouveau le problème, montrer le chemin qui a été parcouru vers la solution.

Le mouvement pacifiste a traversé trois périodes distinctes : une première période que l'on pourrait appeler avec raison la période utopiste et poétique, la période des aspirations plus ou moins vagues, fondées soit sur un idéalisme naturel, soit sur des convictions religieuses ayant leur fondement dans les principes évangéliques et jusque dans l'Ancien Testament, dans les prophéties d'Isaïe et de Michée. Cette période de confusion, d'idées imprécises chez un petit nombre, fut cependant la période de création de l'idée pacifiste. Elle a duré de longs siècles pendant lesquels les conflits entre nations se sont vidés sur les champs de bataille.

La seconde période est la période de la recherche des moyens de réaliser l'idée et de la faire entrer dans le domaine pratique. C'est aussi la période des systèmes et des discussions entre les pacifistes eux-mêmes.

Elle commence avec les projets d'Henri IV, les traités de l'abbé de St-Pierre et de Kant pour finir aux économistes du siècle dernier, aux partisans de l'arbitrage. On pourrait l'appeler la période économique du pacifisme en ce sens qu'elle fut marquée par l'accession des économistes aux aspirations purement idéalistes de la première période. C'est au nom de l'économie politique qu'ils combattirent la guerre. Elle a été surtout caractérisée par la position nette du problème, par l'étude des difficultés.

Enfin, depuis quelques années, il semble que le mouvement pacifiste est entré dans la période de réalisation et dans la période scien-

tifique. Elle est caractérisée par la méthode et par l'esprit de mét avec lesquels le probléme est abordé.

Le problème d'abord est celui-ci : améliorer les relations des na entre elles en vue de diminuer les conflits et les occasions de gu résoudre les conflits pacifiquement et réduire à un minimum rais ble les armements et les charges navales et militaires.

La méthode consiste à développer le Droit International, à c tuer ce droit sur le modèle du droit public ou privé en vigueur l'intérieur de chaque État et à créer entre les nations des rappor des liens juridiques ou fédéraux *analogues* à ceux qui régissent la c dération des États-Unis, la confédération suisse, ou la confédération mande.

Je dis analogues et non identiques. Il est évident en effet que cer détails de la Constitution des États-Unis par exemple ne saur convenir à la Fédération européenne, à fortiori à la Fédér Générale. Mais il est non moins évident que c'est sur ce modèle doivent se développer les liens internationaux. Quoi qu'en disent des o vateurs qui se complaisent à noter en psychologie et en politiqu différences entre les collectivités et les individus, il y a des anal profondes que le langage courant traduit par des expressions c celles-ci : l'*alliance* Franco-Russe, l'*entente cordiale*, l'***antipathie*** A Allemande etc. etc....

Enfin la propagande s'est ressentie de l'esprit scientifique. Ce s'est efforcé de créer avant tout c'est la généralité et la continui l'action.

Depuis l'année 1889 il ne s'est pas écoulé une seule année sa congrès universel des Sociétés de la Paix. Ces congrès ont pour dire parcouru le monde civilisé dans son entier. Si on tient compt séances de l'Union interparlementaire et de celles des congrès natic il n'y a pas de grande ville, de centre important qui n'ait été, d cette date, le théâtre de manifestations pacifistes importantes.

Paris, Londres, Vienne, Buda-Pesth, Rome, Milan, Bruxelles Gla St.-Louis, New-York, Chicago, Boston, Berne, Turin, Rouen, Lucerne, Monaco, Anvers, Hambourg etc. etc... ont été successive le théâtre de ces assises du pacifisme. Munich et Berlin vont l'être chainement à leur tour.

L'œuvre de ces réunions a été sans doute de propager l'idée surtout de la préciser. Les premiers congrès en particulier se son cupés avant tout de formuler les principes qui doivent être mis à la des relations internationales. (1)

Concurremment se fondaient une série d'institutions destinées à pléter l'œuvre discontinue des congrès et des conférences. Je ne ci que les plus importantes : le Bureau international permanent de la siégeant à Berne destiné a être le lien entre toutes les sociétés ay paix pour objectif; la Délégation permanente des Sociétés franç destinée à compléter en France l'action du Bureau de Berne; l'Instit

(1) Nous publierons prochainement ces principes.

ternational de la Paix de Monaco dont le but est de publier des documents sur la Paix et la guerre; la Conciliation internationale; le Groupe de l'arbitrage dans le Parlement français: la Fondation de l'Internationalisme de la Haye etc, etc...

Par ce rapide exposé on voit que le Pacifisme existe, que la question est posée devant le public et que rien ne saurait désormais empêcher nos efforts d'aboutir à une solution. La conférence de La Haye formée des délégués (au nombre de 250) de 47 états, en continuant et perfectionnant l'œuvre commencée en 1899, ne saurait résoudre définitivement le problème. Elle exige au contraire de la part du public et en particulier des catholiques qui ne peuvent se désintéresser de la question, un effort nouveau vers le mieux.

L. PICHOT
Prés. de l'Inst. Intern. de la Paix.

Sociétés de la Paix. — Il existe en France environ 300 groupements participant au mouvement pacifiste. Quelques Sociétés comptent jusqu'à 5000 membres. Les principales d'entre elles sont :

La Société française d'arbitrage entre nations, dont le président est M. F. PASSY; fondée en 1867, elle a 7 sections en province et publie une Revue Mensuelle. *la Revue de la Paix*; *La ligue Internationale de la Paix et de la Liberté* fondée également en 1867 a pour président M. ÉMILE ARNAUD; elle compte 18 sections; le Journal *Les États unis d'Europe* parait particulièrement refléter ses idées; *La Paix par le Droit*, dont le president est M. TH. RUYSSEN, publie une très intéressante revue qui porte son nom; elle compte 17 sections en province; *La Société chrétienne des Amis de la Paix*, dirigée par M. le pasteur ALLEGRET, comprend 14 sections et a comme organe une revue mensuelle, *l'Universel*. *La Société de l'Éducation pacifique* fondée en 1901 compte 41 groupes adhérents.

L'Almanach de la Paix (publié par *la Paix par le Droit*), *le Bulletin de la Paix et de l'Arbitrage*, *la Paix par les Femmes*, *le Pacifiste* et quelques autres publications coopèrent en France à la diffusion des idées pacifistes.

En Allemagne, on compte également d'importants groupements analogues; le plus considérable, le *Deutsche Friedens gesellschaft*, présidé par le Dr RICHTER, compte 87 groupements locaux. — (N. de la R.)

Congrès de la Paix. — On sait que le prochain congrès international de la Paix aura lieu au mois de septembre à Munich. Lorsque ce lieu de réunion fut choisi, l'année dernière, pendant le Congrès de Milan, le ministre des affaires étrangères de Bavière s'empressa d'envoyer à M. QUIDDE qui l'en avait informé, l'assurance « que la réception du Congrès de la Paix en 1907, lui serait un devoir très agréable ». Nous ne saurions trop conseiller à ceux des membres de notre Société qui le pourraient, d'y assister, c'est un excellent moyen de se rendre compte de la nature et de l'importance du mouvement pacifiste. — (N. de la R.)

Conférence interparlementaire — En 1889, à la suite du premier Congrès de la Paix, une réunion d'une centaine de membres des Assemblées législatives de l'Europe eut lieu à Paris. Depuis cette époque la Conférence a tenu 14 sessions : environ 1600 députés appartenant à 14 parlements divers, y ont adhéré : elle poursuit parallèlement aux Congrès de la Paix la réalisation du programme pacifiste. *Un Conseil interparlementaire de l'Arbitrage international*, remplit à son égard le même office que le Bureau International de Berne à l'égard des Sociétés de la Paix. — (N. de la R.)

LES CHARGES DE LA PAIX ARMÉE

L'Europe entretient actuellement quatre millions d'hommes dans ses armées permanentes; en cas de guerre, elle peut en mettre sur pied environ vingt millions.

Les dépenses militaires correspondant à l'état de paix étaient en 1875, cinq ans aprés la funeste guerre franco-allemande, de 3 milliards ½ : elles sont successivement montées à 4 milliards ½ en 1886, 6 milliards en 1897 et elles ont atteint 8 milliards en 1902 (1). On estime que les dépenses d'entretien des armées européennes sur pied de guerre atteindraient 45 milliards par an.

Un tiers des budgets français, allemand et russe est absorbé par les frais de la paix armée : mais ce chiffre est loin de représenter toutes les charges qu'entraine la préparation de la guerre : il y a lieu, en effet, d'y ajouter l'intérêt de la partie de la dette publique correspondant aux propriétés immobilières, terrains, casernes, fortifications, affectées aux armées, et au matériel qu'elles renferment. On évalue à 35 milliards la valeur du domaine militaire et du matériel des armées européennes ; l'intérêt à 4 % de cette somme réprésente une dépense annuelle de 1.400 millions.

Il convient aussi de tenir compte de la perte en richesses non produites, qui résulte de la présence sous les drapeaux d'un nombre considérable d'hommes dans toute la force de l'âge.

Si l'on néglige ce dernier élément, mais si l'on remarque que les ¾ de la dette publique française — la plus forte qui existe : 30 milliards, soit un cinquième de la dette du monde — sont les conséquences des guerres passées, on constate que prés des deux tiers de notre budget servent à payer les frais des guerres antérieures ou à préparer les guerres futures.

Notre pays est d'ailleurs, plus que tout autre, éprouvé par « l'impôt du sang ». Cela tient à ce qu'il est obligé de maintenir sous les armes un effectif aussi nombreux que celui des nations voisines, alors que sa population ne s'accroît pas ; il en résulte que, proportionnellement à sa population, la charge qu'il supporte va toujours en augmentant, tandis qu'elle reste constante dans d'autres pays.

Ainsi, en 1873, la France avait sous les drapeaux 500.000 hommes répartis entre l'armée de terre, la marine et l'armée coloniale : sa popu-

(1) Messimy, député de la Seine. *La Paix Armée.* — Girard et Brière, 16, rue Soufflot. Paris 1903.

lation étant à cette époque de 35 millions d'hommes, il y avait alors 14 hommes sous les armes pour 1000 habitants. En 1902, elle comptait 700.000 hommes sous les drapeaux : mais comme pendant ces vingt-neuf années, la population n'avait augmenté que de 7 0/0, c'est-à-dire de 2 millions ½ d'habitants, il y avait en 1902, 18 hommes, 2 sous les armes par 1000 habitants, soit 30 0/0 de plus qu'en 1873. En Allemagne, on comptait en 1873, 445.000 hommes sous les drapeaux, avec une population de 41 millions d'habitants, soit à peu prés 11 hommes sous les armes pour 1000 habitants. En 1902, le nombre d'hommes sous les drapeaux s'élevaient à 621.000 : mais comme pendant ces 29 années, la population avait augmenté de 37 0/0 c'est-à-dire atteignait le chiffre de 56 millions d'habitants, la proportion des *hommes sous les armes* était restée la même.

*
* *

Mais, disent ingénument certaines personnes, les dépenses militaires ne sont pas perdues, puisque l'argent qu'on leur consacre ne sort pas du pays et qu'il procure du travail à quantité d'industries qu'un désarmement ruinerait.

« Cela revient en somme, répond M. Moch, (1) à dire qu'il est avanta-
« geux de mettre le feu à une maison, parce que l'on donne ainsi de
« l'ouvrage à l'industrie du bâtiment, et que suivant un proverbe connu :
« Quand le bâtiment va, tout va.

« Sans doute, quand on brûle une maison, on fournit de l'ouvrage
« aux maçons, plâtriers, charpentiers, menuisiers, peintres, tapissiers,
« fumistes, électriciens et autres corps d'état qui la reconstruiront. Mais
« la communauté perd le travail, juste aussi productif pour ces hommes
« qu'ils auraient accompli en bâtissant des maisons pour ceux qui
« n'en ont pas ou en améliorant les maisons existantes. »

Si au lieu de recevoir de l'État des commandes de canons ou de cuirassés, nos usines métallurgiques recevaient des commandes de rails ou de locomotives, servant à établir de nouvelles voies ferrées et de nouveaux moyens de transports, elles feraient les mêmes bénéfices et leurs ouvriers toucheraient les mêmes salaires ; mais au lieu d'instruments de destruction, économiquement inutiles, la collectivité recevrait en échange de ce qu'elle donne des instruments producteurs de richesse et économiquement utiles.

On est étonné d'entendre souvent des gens instruits et parfois même possédant une certaine culture intellectuelle, répondre aux questions soulevées par les pacifistes, par des arguments qui s'effondrent dès qu'on les soumet à la plus élémentaire critique ou à la plus simple discussion. Il y a en cette matière, une quantité d'idées préconçues, de partis pris traditionnels, de banalités courantes, acceptées sans contrôle et répétées sans réflexion. Un « illustre » académicien n'a-t-il pas invo-

(1) G. Moch, ancien capitaine d'artillerie. *Ce que coûte la Paix Armée* — 1900. Bureau français de la Paix, 6, rue Favart. Paris.

qué contre les idées pacifistes cet argument tout au moins singulier : mais s'il n'y avait plus de guerres, plus d'armées, il n'y aurait plus de cavalerie et que deviendraient alors les éleveurs du Nivernais ?

Combien de personnes apprécient à sa juste valeur la perte économique résultant, soit pour l'individu, soit pour le pays, du temps passé sous les drapeaux par les soldats et les officiers ?

Le nombre des années de travail utile d'un homme n'excède pas en moyenne vingt ans ; si donc il consacre à l'armée deux ou trois années de sa vie, c'est 10 ou 15 0/0 du travail qu'il est capable de fournir durant son existence entière qui sont perdus tant pour lui que pour la collectivité.

Peut-être sera-t-il intéressant de rapprocher ces chiffres des chiffres suivants :

Les socialistes prétendent que les détenteurs du capital prélèvent, sur les fruits du travail, une part trop considérable ; or, si tous les bénéfices et intérêts actuellement attribués aux capitaux industriels étaient intégralement distribués aux ouvriers, l'augmentation des salaires qui en résulterait ne serait que de 12, au maximum de 15 0/0.

Il importe aussi d'insister sur le fait que nous avons plus haut démontré par des chiffres : les charges de la paix armée augmentent chaque année, de sorte que les budgets de paix tendent à se rapprocher des budgets de guerre.

Ainsi, en France, pour l'année 1906, les dépenses militaires de toute nature s'élèvent à 1.300 millions ; or, les dépenses militaires ordinaires et extraordinaires de l'année 1870 ne se sont élevées qu'à 1.547 millions et celles de 1871 à 1414 millions. Ce qui revient à dire que *nous dépensons aujourd'hui pour la Guerre et la Marine autant que si nous avions à soutenir tous les deux ans la guerre de 1870-71 et la lutte contre la Commune !*

*
* *

Parmi ceux qui se sont préoccupés des conséquences désastreuses d'une telle situation et qui ont cru devoir employer leur influence pour s'efforcer de la modifier, nous pouvons citer le Grand Pontife Léon XIII.

Dès l'année 1894, il adressait aux peuples et aux Princes de l'Univers une lettre apostolique de laquelle nous extrayons les passages suivants :

« Nous avons devant les yeux la situation de l'Europe. Depuis nom-« bre d'années déjà, on vit dans une paix plus apparente que réelle. « Obsédés de mutuelles suspicions, presque tous les peuples poussent « à l'envi leurs préparatifs de guerre. L'adolescence, cet âge inconsidé-« ré, est jetée, loin des conseils et de la direction paternelle, au milieu « des dangers de la vie militaire. La robuste jeunesse ravie aux tra-« vaux des champs, aux nobles études, au commerce, aux arts, est « vouée, pour de longues années, au métier des armes. De là d'énor-« mes dépenses et l'épuisement du Trésor public ; de là, encore une « atteinte fatale portée à la richesse des nations, comme à la fortune

« privée ; et on en est au point que l'on ne peut porter plus longtemps « les charges de cette paix armée. Serait-ce donc là l'état naturel de la « Société ? Or, impossible de sortir de cette crise et d'entrer dans une « ère de paix véritable, si ce n'est par l'intervention bienfaisante de « Jésus-Christ. Car à réprimer l'ambition, la convoitise, l'esprit de ri- « valité, ce triple foyer où s'allume d'ordinaire la guerre, rien ne sert « mieux que les vertus chrétiennes et surtout la Justice. Veut-on que « le droit des gens soit respecté et la religion des traités inviolable- « ment gardée ? Veut-on que les liens de la fraternité soient resserrés « et affermis ? Que tout le monde se persuade de cette vérité, que *la « Justice élève les nations.* » (Prov. XIV. 34.)

Et après avoir rappelé qu'il avait récemment dans l'Encyclique *Rerum Novarum*, traité de la question sociale, en s'appuyant tout à la fois sur les principes de l'Évangile et de la raison naturelle, et invité les peuples et les Princes de l'Univers à considérer ce que peut l'Église en sa qualité de Mère et de Médiatrice des peuples et des gouvernements, le Pontife ajoutait :

« Pendant que Notre esprit s'attache à ces pensées, et que Notre « cœur en appelle de tous ses vœux la réalisation, Nous voyons là-bas « dans le lointain de l'avenir, se dérouler un nouvel ordre de choses « et Nous ne connaissons rien de plus doux que la contemplation des « immenses bienfaits qui en seraient le résultat naturel. L'esprit peut « à peine concevoir le souffle puissant qui saisirait toutes les nations, « et les emporterait vers ces sommets de toute grandeur et de toute « prospérité, alors que la paix et la tranquillité seraient bien assises, « que les lettres seraient favorisées dans leur progrès, que parmi les agri- « culteurs, les ouvriers, les industriels, il se fonderait sur les bases chré- « tiennes, que Nous avons indiquées, de nouvelles sociétés capables de « réprimer l'usure et d'élargir le champ des travaux utiles ».

A. Vanderpol.

Chronique de la Paix

Le Congrès national de la Paix des Sociétés américaines

Le Congrès s'est ouvert à Carnegie-Hall, le 14 avril. La séance d'ouverture a été présidée par M. Andrew Carnegie qui a donné la parole à des orateurs considérables venus de tous les pays du monde. M. James Bryce, le nouvel ambassadeur de la grande Bretagne, M. d'Estournelles de Constant, M. le comte Apponyi, représentant de la Hongrie, etc

STATUTS PROVISOIRES

ARTICLE PREMIER. — L'Association, dite SOCIÉTÉ GRATRY, se propose pour but l'institution entre les Nations de relations juridiques plus étroites et plus conformes aux préceptes de l'Évangile, de façon à maintenir autant que possible entre elles la concorde et la paix.

ART. II. — Pour atteindre ce but, la SOCIÉTÉ GRATRY compte agir auprès des pouvoirs publics et notamment des représentants élus des diverses nations par voie de pétitions, et auprès de l'opinion publique par des conférences et par la publication d'ouvrages de propagande, notamment d'un *Bulletin* qui lui servira d'organe.

ART. III. — La SOCIÉTÉ GRATRY comprend des *membres titulaires* et des *membres adhérents*. Les premiers souscrivent les présents statuts et payent une cotisation minima de 5 francs par an. Aux seconds, il n'est demandé qu'une simple adhésion au programme de la Société et une cotisation de 2 francs. Les uns et les autres reçoivent le *Bulletin*.

ART. IV. — NN. SS. les Évêques, qui voudront bien envoyer leur adhésion, recevront le titre de *membres d'honneur*. Le même titre pourra être décerné à des personnalités marquantes sur la proposition du Comité de direction. Les membres d'honneur sont dispensés de cotisation.

ART. V. — La Société est dirigée par un *Comité* de 20 membres, ayant son siège à Paris et recruté parmi les membres titulaires français. Ce Comité sera élu dès que le nombre des membres titulaires atteindra 200. Il sera renouvelable par quart tous les ans. Il choisira un *Secrétaire général* et un *Secrétaire adjoint* pour l'expédition de la correspondance et le service du *Bulletin*, et un *Trésorier* pour le service des cotisations et la comptabilité.

ART. VI. — Il sera tenu chaque année en mai ou juin, à Paris, une Assemblée générale des membres titulaires, dans laquelle : 1° il sera fait un rapport sur l'état moral et financier de la Société ; 2° il sera procédé aux élections ; 3° il pourra être pris les décisions que l'Assemblée jugerait utiles ; ces décisions devront être prises à la majorité des deux tiers des membres présents.

ART. VII. — Dans toute ville où il y aura au moins *trente* membres titulaires, ceux-ci se formeront en groupe local, dirigé par un comité de cinq membres, qui correspondra directement avec le Comité de Paris.

ART. VIII. — Toute modification aux présents statuts devra être soumise au préalable au Comité de direction, puis voté à la majorité des deux tiers par l'Assemblée générale.

CPSIA information can be obtained
at www.ICGtesting.com
Printed in the USA
LVHW021247071118
596294LV00004B/722

9 780259 021940